1557

Extrait du Tome XI (3e série)

DES MÉMOIRES DE LA

SOCIÉTÉ ACADÉMIQUE DE SAINT-QUENTIN

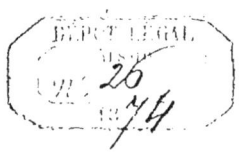

LA BATAILLE DE S^T-LAURENT

ET

LE SIÉGE DE S^T-QUENTIN

EN **1557**

TRADUITS DE L'ALLEMAND

PAR

Mme Georges LECOCQ

SAINT-QUENTIN
IMPRIMERIE CH. POETTE, RUE CROIX-BELLE-PORTE, 19.

1874

Tiré à 100 exemplaires sur papier vergé de Hollande.

LA BATAILLE DE SAINT-LAURENT

ET

LE SIÉGE DE SAINT-QUENTIN

EN 1557

Traduits de l'Allemand

MESSIEURS,

J'ai l'honneur de vous offrir la traduction de trois plaquettes allemandes contemporaines de la bataille et du siége de Saint-Quentin en 1557. Elles ne jettent pas un jour nouveau sur le courage héroïque de notre ville, mais à défaut de l'impartialité et de la justice que nous ne pouvons y trouver, elles nous montrent sous le voile des réticences, la fatigue des assiégeants et leur étonnement d'une si longue résistance ; elles nous donnent surtout, et c'est là leur plus grand mérite le récit de témoins oculaires, d'officiers de l'armée ennemie. Ce ne sont donc en réalité que des notes prises au jour le jour et portées par le courrier à l'imprimeur impatient. Le style lourd, presque incorrect, les phrases confuses indiquent la rapidité de cette correspondance écrite sous la tente ou dans la tranchée. Son véritable caractère est d'ailleurs nettement indiqué par le passage suivant qui termine le second opuscule et que je vous demande la permission de citer ici :

« Au moment de fermer ma lettre et de la cacheter, je reçois de nouveaux renseignements que je m'empresse de vous envoyer. Le cinq août, les Suisses et les Italiens qui composaient la garnison du château Belliano ont été surpris, faits prisonniers ou tués par les Colonais ; on assure que les Suisses, parés avec magnificence, étaient parfaitement équipés. Le bruit court aussi que les Anglais et les Hollandais ont enlevé cinquante vaisseaux aux Français.

Je vous mettrai au courant de tout ce qui se passera, car je tiens à vous montrer, cher Maître toute ma bonne volonté. »

Aucun indice ne révèle le nom des auteurs de ces brochures ; je dis les auteurs, car si les deux premières sont d'une ressemblance incontestable, la troisième en diffère singulièrement par le style. En outre, les unes sont illustrées de lettres ornées, d'un écusson, voire même d'une vignette représentant un combat d'infanterie ; mais elles ne nous apprennent pas le lieu d'impression ; l'autre au contraire est d'une grande simplicité typographique mais elle porte à la première page cette mention : Imprimé à Vienne en Autriche, par Raphaël Hofhalter.

Notre hypothèse semble d'autant plus fondée que l'armée commandée par le duc de Savoie était composée d'environ cent mille hommes appartenant à plusieurs nations également intéressées aux péripéties du duel gigantesque auquel elles assistaient de loin : il est probable, pour ne pas dire certain, que plusieurs éditeurs, s'assurant le concours de collaborateurs particuliers, ont alors tenté la fortune par un procédé semblable à celui qu'ont employé avec tant de succès, dans ces dernières années, les marchands de journaux. Enfin, comme dernier argument, je pourrais montrer plusieurs opuscules du même genre et entre autres : « Le siège et la prinse de la ville de Saint-Quintin auecq aultres choses mémorables en Italie, Angleterre et Escosse. Imprimé à Ypre au pellican rouge chez Josse Destres. »

Qui que ce soit qui les aient composées, ces plaquettes (1) malgré leurs défauts et bien qu'elles n'aient rien d'officiel ne sont pas, je pense, sans un certain intérêt de curiosité historique.

(1) Voici leurs titres :
Newe Zeyttung. Warhafft und Kurtze Beschreybung der Schlacht für S. Quintin : anno 1557. S. I. n. d. Petit in-4 goth. 4 ff dont le dernier blanc.

Newe Zeyttung so sich Zwischen der K.-Mayestät und dem Bapst vor dem Schloss von Belliane Zugetragen. — Von Eroberung der Stad S. Quintin. Die Schlacht vor S. Quintin, S. I., 1557, Petit in-4 4. ff.

Zeitung der Geschichten zu Sannct Quintini in Franckreich ergange Wienn. R. Hofhalter. 1557. Petit in-4. 8. ff.

NOUVEAU JOURNAL.

Description courte et véridique de la bataille de Saint-Quentin telle qu'elle a réellement eu lieu entre les armées de Leurs Majestés les rois d'Angleterre et de France le jour de Saint-Laurent en l'année 1557. Avec l'indication des personnages les plus remarquables qui de part et d'autre ont été tués ou faits prisonniers.

Courte description de la bataille qui a eu lieu devant Saint-Quentin en l'année 1557 au jour de Saint-Laurent.

La ville de Saint-Quentin fut investie et assiégée à l'improviste ; elle ne put dès lors attendre aucun aide et assistance des Français ; ceux-ci équipèrent cependant quelques fantassins et tentèrent de les faire pénétrer secrètement dans la ville ; mais leur projet échoua. Repoussé, le Rhingrave établit son camp près d'une ville nommée La Fère, à cinq mille italiens de Saint-Quentin ; mais s'il ne réussit pas à introduire une garnison dans la place, il n'abandonna pas le dessein d'une attaque de vive force pour la dégager. Le jour de Saint-Laurent, dès la première heure, il s'avança résolument à un demi-mille italien et nous causa une vive alerte en jetant quelques hommes dans Saint-Quentin. Il était environ 9 heures avant midi quand on reçut l'ordre de se préparer à marcher au combat qui s'engagea deux heures après. Sur ces entrefaites, le Rhingrave commença à regagner ses anciennes positions. Aussitôt les cavaliers noirs furent chargés et, s'enfuyant, culbutèrent les Italiens dont ils rompirent l'infanterie et amenèrent la déroute. C'est pourquoi l'on peut dire que ces troupes furent surtout défaites par leur cavalerie.

Les Allemands, placés près des Français, ne reculaient pas volontiers (suivant leur coutume); ils jetèrent leurs insignes et se mêlant à l'ennemi dont l'armure était semblable à la leur, ils en firent un grand carnage. Mais le bruit ayant couru que le comte de Spegelberg et le comte Frédéric de Waldeck avaient été blessés, ils imitèrent les Italiens et tournèrent bride sans s'inquiéter de leurs camarades. Poursuivis pendant trois milles et demi, ils subirent des pertes considérables.

Liste des personnages qui ont été tués ou faits prisonniers devant Saint-Quentin le jour de Saint-Laurent.

DU COTÉ DU ROI DE FRANCE :

Le Connétable avec ses fils et neveu.
Le duc de Nevers.

Le duc de Longueville.
Louis de Gonzague, frère du duc de Mantoue.
Le sire de la Roche-du-Maine.

Sous les ordres du prince de Condé:

Le sire de Haille.
Le sire de Chapelle, lieutenant du connétable.
Le duc de Montpensier.
Le sire de la Rochefoucauld.
Le sire de Rochefort.
Le sire de St-André, grand maréchal de France.
Le vicomte de Durin.
Le sire de Bodesin.

Sous les ordres du prince de Bordillen :

Le Rhingrave avec presque tous ses officiers.
Le comte Georges de Westebourg.
Le sire de Heven.

Quelques personnes pensent avoir reconnu parmi les morts, le comte Eric de Hoya.

Le roi d'Angleterre a perdu de son côté :

Le comte de Spegelberg.
Le comte Frédéric de Waldeck.
Le sire de Haucourt, frère de Brerotz et beaucoup d'autres dont on ne sait pas encore les noms.
Les nôtres se sont emparés fortuitement de seize

grosses pièces d'artillerie que les Français ont dû abandonner dans leur fuite.

Le duc Jean de Grobenhagen et le connétable Pierre Ernest de Mansfeld sont parmi les blessés fort nombreux et plus ou moins grièvement atteints.

C'est hier seulement que notre roi est arrivé ici, suivi d'un grand cortége et on a commencé ce matin à bombarder la ville.

NOUVEAU JOURNAL.

Conquête de la ville de Saint-Quentin avec la liste des personnes qui y ont été faites prisonnières.

Bataille de Saint-Quentin livrée entre les armées des rois d'Angleterre et de France au jour de Saint-Laurent comme nous l'avons déjà publiée avec l'indication des personnages les plus illustres et les officiers faits prisonniers.
Année 1557.

Récit des événements de la guerre entre l'Angleterre et la France depuis le 6 août jusqu'à la prise de la ville de Saint-Quentin.

Le 6e jour d'août de la présente année 1557, le sire de Dandelot, nouveau connétable de France, s'avança avec XI compagnies d'infanterie et IV compagnies de cavalerie, dans l'intention de pourvoir la ville de Saint-Quentin de l'artillerie et des munitions dont elle avait besoin. Il espérait nous faire lever le siége. Les Anglais s'aperçurent les premiers de l'arrivée de ce corps par la route de Ham à Saint-Quentin. Le chemin était gardé par

1,200 fantassins allemands, les chasseurs du régiment de Hals, un capitaine anglais avec quelques Espagnols et deux compagnies de cavalerie. Ils surprirent les Français par leur feu de tirailleurs puis tombèrent sur eux, les culbutèrent et les obligèrent à prendre la fuite ou à se rendre. Le sire de Dandelot lui-même fut parmi les prisonniers et le convoi qu'il amenait, ayant été enlevé, fut partagé entre les Anglais et les Espagnols qui retournèrent pleins de joie dans leur camp.

A la nouvelle de cet échec des Français, les habitants de la ville, voyant qu'ils ne pouvaient tenir longtemps, demandèrent au duc de Savoie, prince de Piémont, général en chef des assiégeants, (le roi d'Angleterre étant encore à Cambray), l'autorisation qui leur fut accordée de laisser sortir les femmes, les vieillards et les enfants.

Le 9e jour d'août à six heures du soir, le connétable de France se mit en marche, décidé à une attaque de vive force pour délivrer Saint-Quentin.

Il avait avec lui, la noblesse française, 4,000 chevaux, 40 compagnies d'infanterie, 200 voitures de provisions et quelques grosses pièces d'artillerie.

Le duc de Savoie, le comte de Mansfeld, le sire de Horn et d'autres généraux connaissant l'approche des Français, firent prendre les armes à plusieurs milliers de cavaliers noirs et d'Espagnols et partirent en toute hâte, dans l'espoir d'avoir ainsi l'honneur de la journée.

S'étant assurés d'une façon certaine de la route

que devaient prendre les Français, ils s'embusquèrent dans un bois où on ne soupçonnait pas leur présence. De sorte que le lendemain qui était le 10e jour d'août à 7 heures du matin, les ennemis furent entourés : en peu de temps les 4,000 cavaliers furent attaqués, culbutés, taillés en pièces ou faits prisonniers, aussitôt les 40 compagnies d'infanterie prirent la fuite ou mirent bas les armes. Les Anglais et leurs alliés n'éprouvèrent que des pertes insignifiantes.

Les Français laissèrent sur le champ de bataille plus de 15,000 morts, un grand nombre de prisonniers, leur artillerie et leurs bagages.

Après la bataille, il vint au camp du roi d'Angleterre, un renfort de 18 compagnies de grosse cavalerie, 22 de cavalerie légère et 52 d'infanterie.

Peu après, le comte d'Egmont s'empara de Ham, détruisit un corps de 7,700 cavaliers français et revint chargé de gloire et de butin.

Noms des personnages qui ont été tués ou faits prisonniers devant Saint-Quentin, le jour de Saint-Laurent.

DU COTÉ DU ROI DE FRANCE :

Le Connétable avec son 4e fils prisonniers.
Les ducs de Nevers et de Longueville.
Louis de Gonzague, frère du duc de Mantoue.
Le sire de la Roche du Maine.
Le sire de Chapelle, lieutenant du connétable.

Le duc de Montpensier.

Les sires de la Rochefoucault, de Rochefort et de Saint-André, grand maréchal de France.

Le vicomte de Touraine.

Le Rhingrave avec presque tous ses officiers.

Les sires de la Roche du Pont et de Anguten (mort) le comte de Villiers (mort) le baron de Courton, le sire de la Caille et le sire de Jametz.

Parmi les prisonniers allemands, au service de la France, nous citerons :

Le sire de Lutzel, Tartevelt, Jean de Studtgardt, Meckumer, Jean de Salzbourg, le jeune de Bilstein, Jean de Bar, Louis de Salzbourg, Goller, André Frosch, Simon Frank Cormentyer, Rickroy, Scheck, le vieux Bilstein, François de Sickingen, Schendenast, Langweiler.

Du côté du roi d'Angleterre ont péri :

Le comte de Spegelbert, le comte Frédéric de Waldeck, le sire de Hautcourt, frère de Brerotz, et beaucoup d'autres dont on ne sait pas exactement les noms ; les nôtres se sont emparés par hasard de seize grosses pièces d'artillerie que les Français ont dû abandonner dans leur fuite.

Nous avons eu plusieurs blessés, entre autres le comte Jean de Grobenhagen et le comte Pierre Ernest de Mansfeld légèrement atteints. C'est hier seulement que notre roi est arrivé ici avec un grand renfort de troupes et l'on a commencé ce matin à canonner la ville.

Après la bataille de St-Laurent, le roi d'Angleterre, plein de générosité, a fait distribuer de l'argent aux soldats vaincus : chaque homme a reçu une demi-couronne et tous ont juré de ne pas servir la France avant six mois ; ils tiendront leur serment par le Dieu miséricordieux.

Le 11 août, le roi d'Angleterre est venu au camp accompagné de la plus haute noblesse de son pays et suivi de forces considérables.

Le 13 août, la grosse artillerie a été mise en batterie et s'est préparée au tir.

Le 14, le bombardement a commencé avec vigueur, et a fait tant de mal aux assiégés qu'ils ont demandé à abandonner la ville, pourvu que trois personnes la figure couverte pussent sortir librement. Cette proposition a été rejetée et l'on s'est préparé par tous les moyens à l'assaut.

Le Connétable royal de France et le Rhingrave ont été conduits, sous bonne escorte, à Antdorff où ils furent gardés à l'auberge du Lion rouge dans la rue de la Chambre. Le soir de la Saint Bartholomé, qui était le 23 août, on les mena l'un à Gand en Flandre, et l'autre à Utrecht au château-fort Impérial.

Le 27 août après midi, à trois heures de relevée, on donna l'assaut à la ville de Saint-Quentin, qui fut conquise en une heure de temps ; les premiers assiégés que nous rencontrâmes furent massacrés à l'exception des femmes et des enfants. L'amiral de France et beaucoup d'autres grands personnages tombèrent en notre pouvoir. On a trouvé dans la ville de si grandes richesses que l'on n'ose y croire ni les décrire.

La cause du roi de France est dans un triste état et tout porte à espérer qu'il se résignera à faire la paix. Dieu nous accorde cette grâce !

Voici d'après un rapport qui mérite toute confiance comment les choses se seraient passées. Le lundi 23 août, on rédigea un ordre comme si on devait tenter l'assaut, mais on prévint les officiers de se borner à simuler l'attaque, ce qu'ils firent. On canonna la place avec courage et la garnison de la ville vint sur les remparts pour les défendre. Ce ne fut qu'une fausse alerte, on n'en continua pas moins le bombardement les trois jours suivants, et le 27 eut lieu le véritable assaut comme nous venons de le dire. Les fantassins allemands, conduits par les capitaines Lazare Schwendi et Georges de Holle, attaquèrent les premiers, et firent preuve de vaillance et de courage ; quoique quelques uns s'en soient mal trouvés, ils s'élancèrent sur les murailles aussi rapidement que sur des couronnes françaises (1).

Les Espagnols et les Anglais entrèrent dans la ville et accomplirent au mieux ce qu'ils avaient à faire.

Ils se sont ensuite dirigés sur Péronne et l'ont assiégée, résolus à prendre cette ville avec le concours et l'aide de Dieu.

(1) Pièces de monnaie.

*Relation des événements arrivés à Saint-Quentin,
en France, l'an 1557*

Imprimée à Vienne, en Autriche, avec faveur et privilége
de sa majesté le roi de Rome, par Raphaël Hofhalter.

Le 15 juillet, le duc de Savoie, ayant à sa suite le comte d'Egmont, des Espagnols et de la cavalerie, vint à Florin près de Philippeville pour y former un camp où arrivèrent peu après les régiments de Nicolas de Hauteville et du comte Philippe d'Eberstein et les escadrons des comtes de Horn et de Schwartzemberg. Le bruit courut alors qu'on voulait se porter en toute hâte devant une forteresse que le roi de France avait commencé de bâtir derrière Marienbourg, dans les Ardennes, et, qu'après s'en être emparé, le roi d'Angleterre irait s'établir avec ses troupes devant Mézières.

Pour maintenir les esprits dans cette croyance le duc de Savoie leva le camp le 23 juillet; il s'arrêta dans une vallée près de Marienbourg et en partit le 25 pour Rocroy, la nouvelle forteresse, qu'il devait reconnaître et assiéger. Il y eut même devant cette ville une sérieuse escarmouche entre les Français et les arquebusiers espagnols.

Le roi de France, qui s'attendait à une attaque de ce côté, y avait réuni ses meilleures troupes sous les ordres du connétable ; il en résulta que les frontières de Picardie et la rivière de la Somme se trouvèrent dégarnies sur une grande longueur. Ayant été rejoint par le duc Ernest de Brunswick et le comte de Mansfeld avec leur cavalerie, le duc se mit en marche le 30 juillet au matin et se dirigea vers la France, laissant Marienbourg à sa droite. Le lendemain, il traversa un défilé très-étroit surnommé le trou féron et campa près d'une forteresse appelée la Capelle. Continuant ses marches forcées, il passa par la ville de Guise et put enfin investir le 2 août la ville de Saint-Quentin en France.

Cette opération fut faite avec une telle rapidité qu'on n'eut pas le temps de la prévenir ; aussi n'y avait-il dans la place que sa garnison ordinaire composée d'une ou deux compagnies d'infanterie. Cette ville (qui n'est pas de beaucoup inférieure à Augsbourg) est défendue par un grand étang marécageux où la Somme prend sa source et coule ensuite vers Péronne ; de sorte que pour aller d'un côté à l'autre, il faut traverser deux digues étroites ou contourner la partie supérieure du marais. Le duc ne put donc établir son camp que sur une rive ; l'autre devait être occupée par le sire de Binnicourt, avec le régiment des sires Conrad de Bemelbourg et Georges de Holz et les cavaliers du duc Eric, des comtes d'Arnbourg, de Schwarzemberg et autres des Pays-Bas, mais l'investissement ne fut terminé que le lendemain.

Vers le soir, le duc envoya quelque mille hommes

sur ces positions ; mais, comme le cercle dans lequel nous enfermions la ville était assez grand et que beaucoup de petits vallons entourent la place, il était facile d'y faire pénétrer du secours ; nous craignions, en outre, une surprise de l'ennemi : aussi toute l'armée passa-t-elle la nuit sous les armes, prête au combat. Un poste d'Espagnols et de cavaliers allemands gardait le camp.

Le 4 août, un renfort de quinze compagnies de Gascons et sept cents chevaux tenta d'entrer dans Saint-Quentin, mais les Français se heurtèrent à ce poste, et se méprenant sur notre force furent facilement repoussés ; on leur prit même sept drapeaux. La veille, l'amiral de France et nombre de gentilshommes avaient réussi à traverser nos lignes sans être aperçus.

Cependant nous nous étions fortifiés sur l'autre rive où déjà des batteries étaient établies ; dans cette direction et au milieu des marécages il y a un faubourg assez fort : il est défendu par un boulevard important, mais non encore terminé, et traversé par un seul chemin sur un pont. On croyait prendre cet endroit en l'enfermant dans nos lignes et en s'assurant du passage, puisque tout l'espoir du succès était dans un blocus complet. Le cinq août au matin, on commença à tirer sur ce rempart. L'ennemi incendia et évacua immédiatement le faubourg qui fut, aussitôt après, occupé par les nôtres avec quelques compagnies d'Allemands, d'Espagnols et de Namurois.

Ensuite le duc tint conseil sur la question de

savoir si, en conservant le faubourg, la ville serait suffisamment gardée dans cette direction pour qu'il pût transporter le camp de l'autre côté du marais. Le 7 août, après s'être assuré que le passage de l'étang était impossible partout ailleurs qu'en cet endroit, il s'établit sur la rive droite de la Somme. Le même soir, nous fûmes rejoints par environ 3,000 Espagnols.

Sur ces entrefaites, le Connétable de France apprit nos projets : il s'approcha avec ses troupes et campa près d'une petite cité nommée La Fère, située à quatre milles français. Il recevait chaque jour des renforts ; enfin, le 8, il parut avec de la cavalerie sur le terrain que nous avions quitté et chercha à secourir les défenseurs de la ville.

Il en résulta une vive alerte dans le camp où l'on craignait que l'ennemi parvînt à pénétrer dans Saint-Quentin et on résolut de l'attaquer, mais il se retira aussitôt et il ne se produisit rien de nouveau ce soir-là, ni le lendemain.

Le 9 août (1) l'ennemi parut de très-bonne heure ; nous crûmes d'abord à la présence de quelques éclaireurs et ne leur accordâmes pas d'attention, mais bientôt on le vit avancer rapidement vers le faubourg avec de l'infanterie et de l'artil-

(1) Le texte porte en chiffre la date du 9, mais il y a là évidemment une faute d'impression. Nous voyons en effet que le 8 au soir le connétable se retire et qu'il ne se produisit rien de nouveau le lendemain. En outre tous les historiens sont d'accord pour placer au 10 la bataille de Saint-Quentin, qui a pris aussi, du jour même où elle eut lieu, le nom de *bataille de Saint-Laurent*.

lerie. Le duc fit monter à cheval toute la cavalerie et envoya plusieurs centaines d'arquebusiers au secours du faubourg. Cependant l'ennemi plaça son artillerie contre le camp près du passage et par une vive canonnade obligea les gens du comte d'Eberstein à s'abriter dans un chemin creux.

Le plan du Connétable était de jeter à travers les marais des troupes dans la ville, et de débloquer le fils de sa sœur, l'amiral, qu'il ne voulait pas abandonner ; il était persuadé qu'il parviendrait toujours à se retirer sans que nous puissions l'atteindre. Pour mettre ce dessein à exécution, il avait amené douze petits bateaux sur des voitures, et déjà il les plaçait dans la partie du marécage qui forme un lac ou étang, sans que notre artillerie et nos gens s'y pussent opposer.

Il fit passer en toute hâte ses meilleurs hommes, mais cette opération ne pouvant s'effectuer que très lentement, quelques arquebusiers espagnols s'élancèrent au devant du faubourg et commencèrent le feu contre les Français. Ceux-ci croyant trouver un passage, s'enfoncèrent dans les marécages, s'y embourbèrent et y périrent.

Le Connétable mettait beaucoup de temps à retirer peu de monde, aussi les arquebusiers lui firent-ils essuyer de fortes pertes, tandis que la cavalerie opérait un mouvement tournant du côté supérieur de l'étang. Il ordonna alors la retraite et dégagea son artillerie composée de 14 pièces dont 7 bombardes, et son infanterie. Cette dernière comprenait 31 compagnies de lansquenets allemands sous le commandement du Rhingrave, fortes d'environ 10,000 hommes et 22 compagnies de Gascons : c'était presque la moitié mumérique des Allemands. Comme cavalerie il y avait 4,000 cavaliers français et 700 cavaliers noirs.

Toute notre armée marcha sur l'ennemi excepté les cavaliers du comte de Schwartzemberg qui gardèrent le camp avec le régiment du seigneur Conrad de Bemelbourg et la moitié des Espagnols. L'action s'était engagée à l'improviste, comme une grande partie de la cavalerie fourrageait, aussi au moment de l'attaque n'avions-nous que 4,000 chevaux. C'est ainsi que nous atteignîmes tous l'autre côté (1) et la plaine ; mais l'ennemi, qui avait l'avance, put battre en retraite. Nous le poursuivîmes jusqu'à plus d'un mille allemand de la ville, sur une hauteur à moitié du chemin de la Fère, où était son camp. Les cavaliers s'arrêtèrent comme s'ils voulaient mettre pied à terre et les nôtres s'en approchèrent, mais l'infanterie continuait toujours sa retraite, et peu après ils reprirent également leur marche. Quoique nos fantassins fussent à un demi-mille en arrière, le commandant, qui ne voulait pas laisser les Français atteindre le petit bois situé dans les environs, et certain que les autres troupes allaient suivre, se décida (avec l'aide de Dieu) à ordonner l'attaque.

Quand l'ennemi connut nos intentions il prit position : l'infanterie formée en deux colonnes oc-

---

(1) La rive gauche de la Somme.

cupait le centre, au flanc gauche était le Connétable avec la cavalerie et les meilleurs cuirassiers, tandis que sur le flanc droit se tenait le Rhingrave avec les cavaliers noirs et nombre de cuirassiers. L'infanterie se trouvait dans de mauvaises positions, reserrée dans un terrain trop étroit, disposée dans un ordre semblable à celui de pelotons déployés, et coupée en deux par un chemin creux.

Nos cavaliers allemands, tous en front de bataille, tombèrent des deux côtés sur ceux de l'ennemi et les forcèrent à prendre la fuite. Ils attaquèrent ensuite les lansquenets qui, voyant le désordre, se défendaient mollement et se laissèrent prendre facilement, eux et leurs drapeaux. Nos cavaliers, y faisant peu d'attention, se mirent aussitôt à la poursuite des cavaliers français, leur prirent beaucoup de monde et d'enseignes. Parmi les personnages les plus considérables on peut citer : le Connétable de France et un de ses fils, le maréchal de Saint-André, le premier chambellan du roi, le duc de Montpensier et le duc de Longueville, le frère du duc de Mantoue, le gendre du Connétable, le vicomte de Touraine, tous décorés par le roi; aussi le prince de Condé, le sire de Jalie, commandeur de la noblesse du roi; pour l'arrière ban, le sire de la Capelle, lieutenant du Connétable, le sire de la Rochefoucault, le sire de Rochefort, le sire de Jamaniss, le Rhingrave, le comte de Weseunberg, quelques capitaines du Rhingrave et encore beaucoup d'autres seigneurs de la noblesse de France.

Il resta sur le champ de bataille 2 ou 3,000 morts, presque tous fantassins tués par l'infanterie espagnole qui survint peu après. Les prisonniers italiens et allemands arrivèrent au camp par bandes et bientôt l'on compta 2,000 des uns et 5,000 des autres.

L'ennemi, harcelé presque jusqu'à la Fère, abandonna son camp et se jeta dans cette place. En route, on rencontra l'artillerie qu'on fit retourner à notre camp.

Le lendemain, le duc rassembla tous les prisonniers sans grade et les fit conduire à Cambrai.

Les Allemands jurèrent de ne pas servir avant six mois contre Leurs Majestés Royales d'Angleterre et d'Espagne.

Le 13, Sa Majesté Royale est venue dans le camp avec 5,000 Anglais à pied et 1,000 à cheval ainsi qu'avec un renfort d'Espagnols. Un régiment de lansquenets saxons qui devait aussi arriver est resté en arrière pour garder les approvisionnements.

Le même jour on a planté sur les travaux 70 drapeaux enlevés à l'ennemi et les arquebusiers espagnols ont tiré pour proclamer la victoire. Les habitants envoyèrent au même endroit leurs arquebusiers pour tirer et sonner de la trompette. Aujourd'hui 14 août on a commencé à bombarder la place sur deux points ; le temps nous apprendra la suite des évènements.

Saint-Quentin. — Imprimerie Ch. POETTE, rue Croix-Belle-Porte, 19.

www.ingramcontent.com/pod-product-compliance
Lightning Source LLC
Chambersburg PA
CBHW061018050426
42453CB00009B/1503